La luz y sus efectos

Jenna Winterberg

Asesor

Michael Patterson
Ingeniero en sistemas principal

Créditos de publicación

Rachelle Cracchiolo, M.S.Ed., *Editora comercial*
Conni Medina, M.A.Ed., *Gerente editorial*
Diana Kenney, M.A.Ed., NBCT, *Editora principal*
Dona Herweck Rice, *Realizadora de la serie*
Robin Erickson, *Diseñadora de multimedia*
Timothy Bradley, *Ilustrador*

Créditos de las imágenes: pág.19 Birgit Tyrrell / Alamy; págs.19, 22 Courtney Patterson; págs.6, 17, 18 GIPhotoStock / Science Source; pág.25 GL Archive / Alamy; pág.16 imageBROKER / Alamy; págs.3, 4, 5, 7, 8, 9,11, 12, 14, 18, 19, 20, 27, 30, 32 iStock; págs.28, 29 Janelle Bell-Martin; pág.19 Leon Swart / Alamy; pág.20 Photoshot Holdings Ltd / Alamy; pág.23 Science Photo Library / Alamy; las demás imágenes cortesía de Shutterstock.

Teacher Created Materials

5301 Oceanus Drive
Huntington Beach, CA 92649-1030
http://www.tcmpub.com

ISBN 978-1-4258-4700-5

Contenido

La luz en el universo

Despertamos cuando la luz se cuela por las ventanas en la mañana. Sabemos que el día terminará después del atardecer. Encendemos las luces por la mañana y las apagamos cuando el día ha terminado. Así que claro, sabemos lo que es la luz.

Bueno, suponemos que sabemos lo que es la luz. Pero pregúntate: "¿Qué compone la luz?".

La mayoría de las cosas del universo están compuestas por **materia**. La materia está compuesta por diminutas partículas llamadas *átomos*. La luz puede comportarse igual que una de estas partículas. Pero la luz no es materia y tampoco siempre se comporta como una partícula. Más bien, actúa como una onda.

La luz es una forma especial de energía. Puede viajar más velozmente que todo lo que existe en el universo. Puede viajar en línea recta o puede doblarse y girar. Y hasta puede atravesar los objetos.

A pesar de que creemos que comprendemos la luz porque está a nuestro alrededor, hay mucho más por descubrir.

Historia de la vista

Antiguamente, muchos creían que la vista provenía de la luz que salía de los ojos. Se llamaba *teoría de la emisión*. No fue hasta el siglo XI que esta teoría cambió. Cuando un científico llamado Ibn al-Haytham publicó sus descubrimientos, las personas finalmente comenzaron a entender la verdad sobre la vista. Dijo que la luz se reflejaba en los objetos y de allí iba a los ojos para crear la vista.

Ondas de luz

Con frecuencia pensamos en el agua cuando vemos la palabra *ondas*. Pero la luz también puede viajar en ondas. De la misma forma que una cinta hace ondas si le dan un tirón, las ondas tienen un patrón ascendente y descendente. A pesar de que podamos ver la luz, no podemos ver estas ondas.

La luz solar tarda en viajar hasta la Tierra. ¡La luz que vemos en realidad es de hace 8 minutos y 20 segundos!

Luz

No creemos que la luz tiene un aspecto. Esto se debe a que la **luz blanca**, como la luz que emite el sol, parece ser incolora. En realidad, la luz blanca contiene un espectro, o variedad, de colores. Si lo dividieras para ver todas sus partes, ¡encontrarías un arco iris de colores! Contiene rojo, anaranjado, amarillo, verde, azul, índigo y violeta.

Cuando observamos la luz, en realidad estamos observando la radiación electromagnética. La luz tiene longitudes de onda que podemos ver. Una longitud de onda es la distancia entre dos picos de la misma onda. De todos los colores que componen el **espectro visible**, el rojo tiene la longitud de onda más larga. El violeta tiene la más corta. Pero la luz visible es solo una pequeña parte de una variedad que llamamos el *espectro electromagnético*. No podemos ver las otras longitudes de onda en esta variedad, pero podemos observarlas.

Arco iris interior

Para dividir la luz en un espectro visible, llena un contenedor con agua. Luego llévalo hasta una ventana donde dé el sol. Coloca un pequeño espejo en el agua y apúntalo hacia el sol. ¡Aparecerá un arco iris en la pared!

El resto del espectro

Las ondas **ultravioleta** (UV) tienen longitudes de onda más corta y más energía que la luz visible. La piel absorbe rayos UV, lo que a veces causa una quemadura. No podemos ver estos rayos, pero pueden hacer daño a la piel y los ojos.

Los **rayos X** tienen longitudes de onda más cortas e incluso más energía. No solo se filtran por la piel. ¡La traspasan! Así que los usamos para ver los huesos. También se usan para inspeccionar el equipaje en los aeropuertos.

Las ondas con la longitud de onda más corta son los **rayos gamma**. Tienen la mayor cantidad de energía que cualquier otra onda. Los rayos gamma son tan poderosos que pueden matar células. Con frecuencia los usamos para eliminar las células cancerosas del cuerpo.

Del otro lado del espectro está el **infrarrojo**. El infrarrojo tiene una longitud de onda más larga y menos energía que la luz visible. Podemos detectar su energía cuando sentimos el calor del fuego. Usamos esta onda en los controles remoto. También la usamos en las gafas de visión nocturna. ¡Hasta la usamos para tostar el pan!

Las longitudes de onda de las microondas son incluso más largas. Estas ondas nos ayudan a enviar información a través del espacio con los satélites. ¡Hasta nos ayudan a cocinar! De hecho, el electrodoméstico que usa esta onda recibió su mismo nombre.

Las ondas de radio tienen la longitud de onda más larga y la menor cantidad de energía. Nos comunicamos con ellas porque su longitud permite que lleguen a lugares que otras ondas no pueden. Hasta pueden doblar y esquivar obstáculos, como las casas.

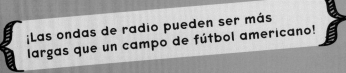

¡Las ondas de radio pueden ser más largas que un campo de fútbol americano!

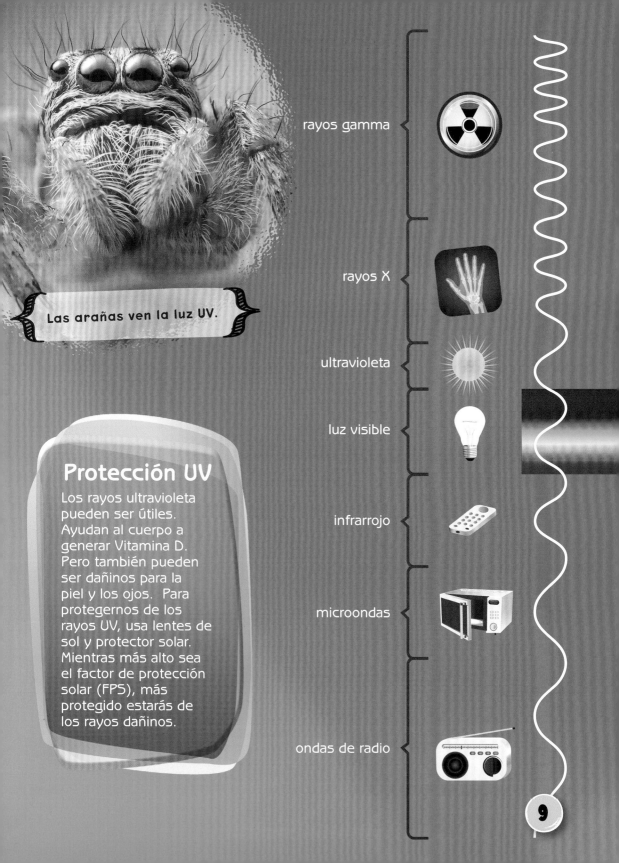

Las arañas ven la luz UV.

rayos gamma

rayos X

ultravioleta

luz visible

infrarrojo

microondas

ondas de radio

Protección UV

Los rayos ultravioleta pueden ser útiles. Ayudan al cuerpo a generar Vitamina D. Pero también pueden ser dañinos para la piel y los ojos. Para protegernos de los rayos UV, usa lentes de sol y protector solar. Mientras más alto sea el factor de protección solar (FPS), más protegido estarás de los rayos dañinos.

Luz viajera

Las ondas de luz no flotan a nuestro alrededor aleatoriamente. Todas provienen de una fuente. El sol es una fuente de luz. Una linterna es otra. Generalmente no usas el televisor o la computadora para iluminar una habitación, pero también son fuentes de luz.

Reflejo

No todos los objetos son fuentes de luz. Pero todos los objetos la reflejan. Esa luz reflejada nos permite ver el objeto al mismo tiempo que le da color.

Cuando la luz blanca rebota en una canica roja, no se refleja toda la luz, solo las ondas rojas. La canica absorbe los demás colores del espectro visible.

Toda superficie absorbe y refleja diferentes longitudes de onda, lo que le da a cada objeto su color. Las superficies blancas reflejan todos los colores. Es por esto que parecen ser tan brillantes. Los objetos con superficies negras absorben casi todos los colores.

Siente el calor

Cuando se absorbe la energía del sol, crea calor. Es por esto que tu piel se calienta bajo el sol.

Ver las cosas

¿Por qué podemos ver cosas cuando hay luz pero no cuando está oscuro? La luz choca contra los objetos y rebota. Cuando la luz llega a nuestros ojos, podemos ver el objeto. ¡Sin luz, no podemos ver!

La luz viaja en línea recta. Las ondas de radio pueden curvarse alrededor de los objetos gracias a que tienen longitudes de onda extremadamente largas. La luz visible no tiene esta ventaja. Cuando choca contra algo **opaco**, o sólido, el objeto bloquea la trayectoria de la luz. Absorbe o refleja la luz. Se forma una sombra donde la luz debería haber continuado su trayectoria. Es por esto que las sombras siempre aparecen del lado opuesto a una fuente de luz.

Pero no todos los objetos son opacos. El vidrio, por ejemplo, permite que la luz pase. Por eso, tenemos ventanas en las casas. Los objetos que permiten ver a través de ellos generalmente son **transparentes**, como el vidrio. No hacen sombra. Simplemente permiten que la luz continúe su trayectoria. En otras palabras, transmiten la luz.

Los vitrales tienen vidrio de colores que es traslúcido.

Cuando un objeto es parcialmente transparente, lo llamamos **translúcido**. Un ejemplo es un globo de color. El globo bloquea parte de la luz. Entonces, crea una sombra. Pero también deja pasar un poco de luz. Por lo tanto, la sombra contiene el color que refleja el globo.

translúcido

opaco

transparente

La creación de vitral es un arte antiguo que puede encontrarse hasta en el antiguo Egipto.

Refracción

La luz visible crea una sombra porque no puede curvarse ante objetos sólidos. Debe seguir una trayectoria en línea recta. Pero existen dos instancias en las que la luz visible puede doblarse o cambiar de dirección. El reflejo es la primera instancia. La segunda se llama *refracción*.

La refracción ocurre cuando la luz se mueve de un material al otro, como del aire al agua. En este caso, el agua hace que la luz vaya más lento. Eso hace que los objetos en el agua parezcan diferente de lo normal. Por ejemplo, un pez podría parecer más grande de lo que realmente es. O un objeto que está parcialmente dentro del agua podría parecer roto donde el agua se une con el aire. Estos efectos visuales extraños son el resultado de las ondas de luz que se doblan.

Los arco iris también se producen debido a la refracción. El sol ilumina el agua en el aire. Las ondas de luz disminuyen la velocidad y se doblan al contacto con el agua. Cada color que compone la luz blanca tiene una longitud de onda levemente diferente. Entonces cada una se dobla a un ángulo levemente diferente. Como resultado, la luz blanca se separa ¡y vemos un arco iris en el cielo!

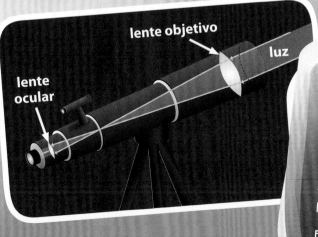

lente objetivo

luz

lente ocular

Claro como el agua

Al igual que el agua, el vidrio y el plástico también refractan la luz. Los telescopios refractores funcionan enfocando estas ondas de luz en un punto en particular.

La luz ingresa por un extremo del telescopio. El lente objetivo dobla la luz hacia un foco, o punto.

El ocular magnifica, o agranda, la imagen.

luz visible

La luz visible se refracta cuando pasa a través de un prisma.

violeta
índigo
azul
verde
amarillo
anaranjado
rojo

¿Qué ves?

No todas las superficies reflejan o absorben la luz de la misma forma. Ya sabemos que los objetos claros reflejan más luz. Es por esto que atraen nuestra mirada y nuestra atención.

Espejismo

Muchos viajeros sedientos se han visto engañados por los efectos de la refracción en un día caluroso. Un espejismo ocurre porque el aire caliente refracta los rayos de la luz que están cerca del suelo. Los rayos se doblan hacia arriba. El resultado es una ilusión que hace que se vea agua a lo lejos.

Color y brillo

Es mucho más probable que veamos un cono de color anaranjado brillante en la carretera que uno de color gris oscuro. Y las flores amarillas resaltan más que las de color morado. Pero algunos objetos brillan a pesar de su color. Un automóvil negro nuevo no se ve opaco. Se debe a que tiene una superficie lisa. Que un objeto sea liso o rugoso afecta su capacidad de reflejar la luz. La luz rebota de todas las superficies. Pero las superficies lisas y suaves reflejan la luz en una trayectoria de línea recta. Eso produce un reflejo más fuerte. La luz reflejada también produce un aspecto brillante.

100%

Cómo funciona un láser

Los láseres se hacen con espejos. Dentro del dispositivo, las ondas de luz se mueven hacia delante y hacia atrás entre dos espejos. Esto hace que la luz acumule energía. La energía se libera como un delgado haz. A diferencia de la mayoría de las luces, toda la luz del láser tiene la misma longitud de onda. Como resultado, la luz no se dispersa.

Precaución: Los láseres producen ondas de luz que pueden dañar los ojos.

Distorsión y dispersión

Los espejos reflejan la luz mejor que cualquier otra superficie. Reflejan la luz tan bien que podemos ver que cualquier objeto que esté directamente frente a un espejo se refleja. La superficie pulida de un automóvil nuevo refleja tanta luz que actúa casi como un espejo. Pero si te miras en la superficie del automóvil, tu imagen no se verá como la que ves en el espejo del cuarto de baño. Los objetos curvos no reflejan la luz en una trayectoria perfectamente recta. Por muy lisa que sea la superficie del automóvil, no es tan plana como la del espejo en tu casa. Las curvas del automóvil rompen la trayectoria en línea recta de la luz. Como resultado, la luz reflejada se dispersa. Tu reflejo se ve distorsionado.

Espejito, espejito...

Existen tres tipos de espejos. Los espejos planos son los simples, como el que está en el cuarto de baño. Los espejos cóncavos se curvan hacia dentro. Los espejos convexos se curvan hacia fuera.

espejo convexo

espejo cóncavo

La distorsión ocurre también con objetos de colores claros. Las tostadoras tienen superficies brillantes de color claro, al igual que los espejos. Pero el reflejo que ves ahí no necesariamente se ve como tú. Las curvas reflejan una versión extraña de tu imagen. La **dispersión** crea este efecto.

Los espejos de los parques de diversiones funcionan de la misma manera. Los espejos se curvan y deforman a propósito para producir reflejos extraños. Estos espejos no son como los planos que tenemos en casa para ver nuestro aspecto.

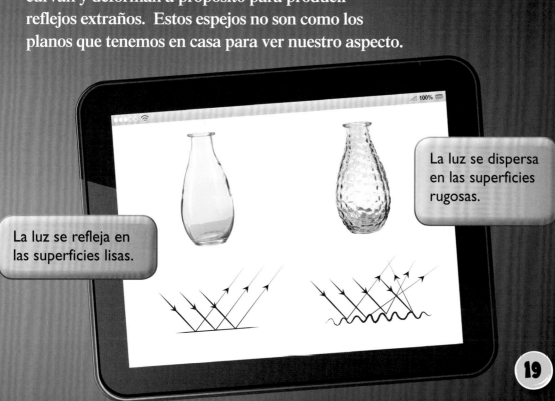

La luz se dispersa en las superficies rugosas.

La luz se refleja en las superficies lisas.

La dispersión ocurre también con objetos que esperaríamos que fueran transparentes. Cuando usamos vidrio para las ventanas, la luz se transmite a través de ellos. Pero cuando el vidrio tiene textura, obstruye la luz y ya no tiene una trayectoria en línea recta. Hasta una pequeña curva en un vidrio hará que la luz se disperse. Como resultado, el vidrio ya no es transparente. Estas superficies son translúcidas. El vidrio texturado se usa generalmente para las puertas de la ducha y las ventanas del cuarto de baño porque, si bien dejan pasar la luz, dan privacidad.

El vidrio texturado es un poco rugoso. Pero algunas superficies son tan rugosas que dispersan la luz en todas las direcciones. Piensa, por ejemplo, en la corteza de un árbol. Cada pequeño bulto o grieta hace que la luz rebote en otra dirección. La luz que vemos está tan dispersa que no podemos ver el brillo de un reflejo. Es por esto que la superficie de un árbol se ve opaca en vez de brillante.

De la misma forma, un diamante en bruto, sin cortar, tiene muy poco brillo. Pero los maestros joyeros pulen y cortan las piedras para lograr un brillo espléndido. Basan sus diseños en su conocimiento científico sobre la luz reflejada.

rana de cristal

Las cebollas se vuelven translúcidas cuando las cocinas porque los químicos y el agua que contienen y que las hacen opacas se evaporan durante la cocción.

Animales translúcidos y transparentes

Hay animales que son translúcidos y transparentes. Las ranas de cristal son verdes como otras ranas, pero son translúcidas. Puedes ver sus órganos a través de su piel. La mariposa alas de cristal tiene alas transparentes con bordes marrones.

mariposa alas de cristal

Partículas de luz

Las ondas explican la mayoría de las características de la luz. Pero la luz puede también actuar como partícula. Para verlo, observamos el átomo. El átomo es un pequeño pedacito de materia en nuestro mundo. Todos los objetos, desde los dedos de los pies hasta los juguetes, están hechos de átomos.

Los átomos contienen incluso partículas más pequeñas. Los neutrones y los protones se amontonan en el centro del átomo. Alrededor de los neutrones y los protones hay espacios llamados *orbitales*. Los electrones están ubicados en estos espacios. Se mueven dentro de los orbitales, pero no en una trayectoria establecida. Significa que nunca sabemos dónde irá un electrón a continuación. Cuando un átomo se energiza, sus electrones se mueven hacia los orbitales más altos. Con el tiempo, los electrones vuelven a caer a su orbital normal. Para hacerlo, sueltan toda la energía adicional. Esa energía se libera como **fotones**. Los fotones son la unidad básica de la luz. Por lo tanto, un fotón es una partícula diminuta de luz.

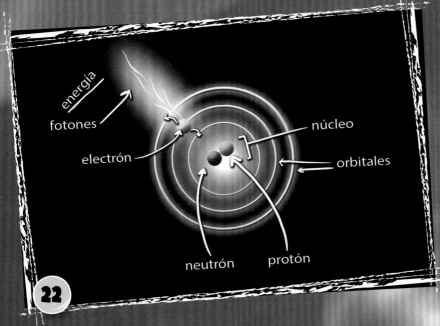

energía

fotones

electrón

neutrón

protón

núcleo

orbitales

Albert Einstein originalmente descubrió los fotones, pero los llamó *cuantos de energía*. Gilbert N. Lewis fue el primer científico en llamarlos *fotones*.

electrón

Radiación electromagnética

El comportamiento de los electrones, de dar y recibir protones, es el motivo por el que la luz se denomina *radiación electromagnética*.

Por lo tanto, la luz no es materia. Es energía liberada por el comportamiento de los electrones. Aun así, los fotones se comportan como partículas cuando interactúan con la materia.

La materia puede absorber la energía de un fotón. Cuando lo hace, sentimos esta transferencia de energía como calor. Los fotones son los que hacen que la arena en la playa se caliente. La arena absorbe los fotones de la luz solar y nos calienta los dedos del pie.

Los fotones también interactúan con los ojos. Cuando un fotón de luz llega al ojo, se convierte en energía eléctrica. Esta energía se transfiere a nuestros cerebros para formar una imagen. Los fotones nos ayudan a ver.

Los fotones pueden viajar a la velocidad de la luz. ¡Eso es tan rápido como 299,338 kilómetros (186,000 millas) por segundo! El avión más rápido del mundo duraría 4.5 horas en dar la vuelta al planeta una vez. Pero a la velocidad de la luz, podrías hacer ese mismo viaje 7.5 veces. Y te tomaría solamente un segundo.

Pelea de luces

Los sables de luces tienen menos ciencia ficción de lo que alguna vez supusimos. Siempre se había creído que los fotones no podían interactuar. Pero una investigación reciente demuestra que los fotones pueden unirse para formar moléculas. Cuando interactúan, pueden empujarse unos a otros y desviarse.

Albert Einstein

Dualidad

La luz puede actuar como una onda y como una partícula. Esto se afirma en la teoría de dualidad ola-partícula. Albert Einstein trabajó con otros científicos, lo que sentó las bases para esta teoría.

El poder de la luz

Subestimamos la luz porque siempre está presente. ¡Pero imagina cómo sería la vida sin ella! La luz nos permite ver. Nos permite ver los colores. Nos da calor. Nos mantiene saludables. Incluso nos ayuda a comunicarnos.

Sabemos mucho sobre la luz. Conocemos la forma en la que se absorbe y cómo se refleja para crear color. Comprendemos cómo la refracción y la dispersión causan imágenes distorsionadas. Y sabemos que hay mucho más sobre la luz de lo que los ojos pueden ver.

También sabemos un poco sobre los fotones y sobre cómo afectan nuestra visión y la temperatura de los objetos. Pero la luz no es energía ordinaria. Queda mucho por aprender sobre cómo funciona y sobre qué puede hacer. Los científicos todavía esperan descubrir el secreto sobre cómo puede actuar no solo como una onda sino también como una partícula. Y siempre están buscando nuevas formas de usar su poder.

"Durante el resto de la vida reflexionaré sobre qué es la luz".

—Albert Einstein

Piensa como un científico

¿Cómo cambia la refracción el aspecto de las cosas?
¡Experimenta y averígualo!

Qué conseguir

- agua
- frasco de vidrio transparente con tapa
- lupa
- revista

Qué hacer

1 Llena el frasco de agua y enrosca la tapa.

2 Coloca el frasco de costado y colócalo sobre la revista.

3 Comienza a hacer girar el frasco lentamente por la página.

4 ¿Cómo cambia el frasco el aspecto del texto? ¿Un frasco de un tamaño o un espesor diferente cambiaría la forma en la que ves el texto?

5 Observa el material de lectura con una lupa. ¿Se ve diferente el texto? ¿Qué diferencias en los dos materiales podrían cambiar los resultados que ves?

Glosario

dispersión: un cambio aleatorio en la dirección de las partículas de un haz de luz o una onda de luz

espectro visible: todas las ondas de luz en el rango de visión de los seres humanos

fotones: partículas diminutas de luz o radiación electromagnética

infrarrojo: radiación electromagnética con longitudes de onda superiores a la luz visible, pero más cortas que las ondas de radio

luz blanca: luz que contiene todos los colores del espectro visible

materia: todo lo que tiene masa y ocupa lugar en el espacio

opaco: que no permite el paso de la luz

rayos gamma: rayos que son similares a un rayo X, pero que tienen mayor energía y que son liberados por una sustancia radiactiva

rayos X: radiación electromagnética con una longitud de onda extremadamente corta

translúcido: no completamente transparente, pero lo suficiente para permitir el paso de la luz

transparentes: que permiten ver los objetos a través de ellos

ultravioleta: utilizado para describir rayos de luz que no pueden verse y que son ligeramente más cortos que los rayos de luz visible

Índice

¡Tu turno!

Un color en constante cambio

La intensidad de la luz a tu alrededor puede influir en los colores que ves. Observa objetos familiares en diferentes momentos del día. Míralos por dentro y por fuera. ¿Qué cambios observas? ¡Comparte tus observaciones con tus amigos y familia!